THE HEART OF THE FLUTE

THE HEART OF THE FLUTE

Marco Antonio Montes de Oca

Translated by Laura Villaseñor

Introduction by Octavio Paz

International Poetry Forum

BYBLOS EDITIONS
I

Copyright © 1978 by Carnegie Library
of Pittsburgh-International Poetry Forum

Library of Congress Catalog Card No. 77-90035

Publication of this book has been made possible by a grant from the Westinghouse Electric Fund.

The Heart of the Flute appeared originally under the title *El Corazón de la Flauta* from *Poesía Reunida*, copyright 1971 by Marco Antonio Montes de Oca, published by Fondo de Cultura Económica.

PREFACE

Marco Antonio Montes de Oca: a name like a Spanish galleon of the seventeenth century but which belongs to a face more Aztec than Castilian and to a poet in whom baroque profusion and modern diction are allied. Among the new Mexican poets, Montes de Oca occupies, ever since the publication of his first poems, a unique and separate place. The general reaction was dazzling, but there was no lack of critics who reproached him for the richness of his imagery and his verbal abundance. The quarrel is as old as poetry itself. More than an aesthetic problem, it is a question of taste: for some, the richness of Whitman is prolixity, and for others, the compression of Eliot is poverty. But poetry—abundant or sparse, excessive or temperate, is always something *more*. The experience of the poet—love, grief, hunger, tedium, happiness, anguish—is no different from that of other men and, at the same time, it is something else. This *more*, this something else, is what distinguishes the poem from the account, the chronicle, the anecdote or the discourse. The poetry of Montes de Oca is an attempt to pierce this something *more*. A search for the springs of song—a pilgrimage toward the roots of the tree that speaks—the heart of the flute. The poet travels a shifting landscape where everything is deceit and appearance, where everything turns without ceasing into its opposite: foliage into a million eyes, a column into a leprous beggar, a forest into a cemetery of sailboats and charred cathedrals. All we touch disappears. Illusion and menace. Reality hides beneath many masks. Reality is beyond, always beyond. Between the poet and his word, between image and reality, there is always a nowhere. What to do? To illuminate the darkness, to pierce the void, to give form to what still oscillates between being bird or woman: to conjure reality into what finally is incarnate in so many words. To sing, to speak. And Montes de Oca speaks; and his speech, quite frequently, is admirable.

Laura Villasenor—the translator and a poet in her own right—has created a successful version of this particularly difficult poem. It does not surprise me; we are indebted to her for other notable translations of contemporary Mexican poets. Her version transmits the charm of Montes de Oca's poetry, at once violent and sumptuous, ingenuous and opulent. A poetry not of moderation but of sudden revelations:

> And do not ask unblotted script of me
> Elegant lines like Palmer penmanship
> As the table where I ply the pen is a wave

Octavio Paz

THE HEART OF THE FLUTE

En animal de amor la magia me convierte
Y ya no conozco otro amo que el amor
El amor y sus palomas de cristal de roca
Su clorofila sitiadora de paisajes
Su peonza que gira dormida
Hincando el silencioso clavo
En brazos de mar nunca tatuados.

Amo lo que está abajo
Amo hacia arriba y en todas direcciones
Animal de amor así hay que llamarme
Y cada línea de esta encrespada letanía
Ha sido escrita para decir lo mismo
Amo esto amo aquello
Al violín de pueblo por supuesto que lo amo
Lo quiero porque en la hora más alta de la noche
Los giralunas se vuelven a contemplar su canto
Como hechizadas cobras vegetales.

Violín de pueblo
Ya estabas ronco desde antes de nacer
Desde entonces tu música apenas ha cesado
Y ahora estremece a las batutas
Como si fueran finos huesos de pájaro
Amas tú amas
Cada piedra del enjoyado frontispicio
En la carne fresca entierras tu almendra de hielo
Y un escalofrío amotina las regiones que tú besas
Tú amas porque nadie te lo manda
Son rosas de hueso los oídos
Lirios huecos las gargantas
Principalmente de flores

Magic turns me into love's animal
And now love is the only master I know
Love and its rock crystal doves
Its beleaguering chlorophyll of landscapes
Its spinning top that whirls asleep
Driving the silent nail
Into untattooed arms of sea.

I love below
I love above I love all about
Love's animal is what you must call me
And every line of this curling litany
Has been written to say the same
I love this I love that
The country fiddle of course I love
I love it for at night's highest hour
Moonflowers turn to watch its song
Like bewitched vegetable cobras.

Country fiddle
You were already hoarse before birth
Since then your music has hardly ceased
And now it excites batons
As if they were thin birds' bones
You love you do love
Each stone of the jeweled frontispiece
In living flesh you wedge your almond of ice
And a chill mutinies in the regions you kiss
You love because no one orders you to
Ears are roses of bone
Throats are hollow lilies
Mainly of flowers

Se componen los rostros amados.

Hoy es mañana
Mañana quizá sea tarde o tal vez nunca
Ama entonces el cielo las islas
El trigo asomándose al mar de la vida
Como un delgado periscopio de oro
Ama las embarcaciones sin rumbo
Los desiertos ámalos
Pregunta adónde vive el amor
Qué costumbre tiene y cuántos años
A qué hora se acuesta o se levanta
Para cubrir estatuas a las que el aire arranca
Sus rígidas togas de cemento.

Amo esto amo aquello
No una vez ni varias sino siempre
Los versos que hoy escribo no morirán tan facilmente
Ninguno deja lugar a dudas
Todos ellos dicen que te amo
Pequeño cuello de marfil latiente
Agua que bautiza vuelos rojos
Ciudad que canta bajo el fuego de la luna
Boca donde se remansa la palabra-nave
La palabra-hastamañana
La palabra-manoplaquedetienealmeteoromaságil.

Amo tu manera de cantar victoria
Cuando espantas escualos fumadores de burbujas
O regalas a una diosa mitades de lágrimas frutales
Como ayer hoy es cierto que te amo
Y que nunca te me olvidas
Mundo mujer carne cielo
Amor mío de cabecera
Cosa frágil que embistes mi plexo lunar
Con tu quilla de amapolas incendiadas.

Are fashioned beloved faces.

Today is tomorrow
Tomorrow could come late or maybe never
Then love the sky the islands
Wheat looking out on the sea of life
Like a slender golden periscope
Love the aimless ships
Love the deserts
Ask where love lives
Its manner and age
When it goes to bed or arises
To clothe statues from which air wrenches
Their stiff togas of cement.

I love this I love that
Not once not sometimes but always
The verses I write today will not so easily die
Not one leaves a shred of doubt
All of them say I love you
Thin throbbing ivory neck
Water baptizing scarlet flights
City singing beneath the moon's fire
Mouth where the word-vessel backwaters
The seeyoutomorrow-word
The mitthatcatchesthenimblestmeteor-word.

I love your way of singing victory
When you rout bubble-smoking sharks
Or give to a goddess halves of fruit-tree tears
Today as yesterday truly I love you
And you are never missing from my mind
World woman flesh sky
Bedside love of mine
Frailty that strikes my lunar plexus
With your keel of kindled poppies.

Ciertos ríos coronados de palmeras
Hacia tí se encaminan oh Gracia
Gracia para levantarme a las cero en punto
Y para hacer el amor en el último piso del Empire State
Gracia para doblar en cuatro a una mariposa
Y dársela como pañuelo a cierta niña
A quien le queda grande su tristeza
Gracia para seguir dormido junto al fragor de las granadas
Y para elogiar los soles pálidos
Los soles en decúbito dorsal
Los soles que ya no insolan.

Gracia para pedir gracia al asesino de daga ya en el aire
Y para sitiar la maravilla
Casa por casa
Manzana por manzana
Gracia para defenderse de la Gracia
Y para que los potros reinstalen su galope
Al fondo de los ríos
Y para que la inmensamente blanca leche
Conserve su orilla azul.

Gracia para yacer en el cuerpo de uno mismo
Como en un tostado sarcófago
Que ya precisa ser abandonado
Gracia para que la zapatilla vacía
No se caiga de la cuerda floja
Y Gracia para esto y Gracia para todo
Y Gracia para soportar que la vida maestra
Nos pegue con su regla
Sobre la carne siempre lastimada
Lastimada como si un arado en llamas
Al nacer nos labrara
Los surcos de la palma de la mano.

Gracia para quitarse de en medio
Cuando la noche se perfila a matar

Certain rivers crowned with palms
Take off toward you O Grace
Grace to arise at exactly zero hour
And to make love on the top floor of the Empire State
Grace to doublefold a butterfly
And give it as a handkerchief to a certain girl
Who finds its sadness too large
Grace to stay asleep beside the blast of grenades
And to praise pale suns
Recumbent suns
Suns that no longer sun.

Grace to beg grace of the assassin his dagger already in air
And to besiege wonder
House by house
Block by block
Grace to defend oneself from Grace
So that colts resume their gallop
On the riverbeds
And that immensely white milk
Keep its blue edge.

Grace to lie in the grave of one's own body
As in a tanned sarcophagus
That now must be forsaken
Grace that the empty slipper
Not fall from the slack wire
And Grace for this and Grace for everything
And Grace to bear that schoolteacher life
Smack us with her ruler
On the ever-smarting flesh
Smarting as if a flaming plow
Had tilled at birth
The furrows of our hand's palm.

Grace to dodge
When night bends to the kill

Y yo ruedo y tú ruedas
Heridos ambos de dentro hacia afuera para siempre
Castigados por no desenredar a tiempo
La maraña de una huella digital
Cuando la luz que no encandila
Destruye las seguridades del espadachín
Las recomendaciones del obispo
Las incertidumbres de algún iconoclasta
Absorto en la basura de su adoración.

Gracia también para ultimar de un iracundo tajo
Lanzaderas que no trasplantan a su tejido
El torrente de mis ancianas flores frescas
Gracia para quien jamás enarbola el corazón
A ambos lados de la camiseta
Y para quien haya olvidado
Cuánto la sangre se demora
En el río del sueño.

Algo discurre entre extintas profecías
Algo se despeña como un astro que se asoma demasiado
Algo se recobra
Se recobra el conocimiento
De que nada está perdido
Ni siquiera el mar
Golpeado en su carne y en cada lonja de turquesa
Está perdido
Ni siquiera la lluvia que apaga los halos de los santos
Ni siquiera ella
Estará nunca perdida
Pues hay rescoldos de terquedad extraña
Gordianos nudos de luz que ninguna espada parte.

La Gracia es lejana y es apenas entrevista
Oh muro inclinado
Agua suspendida entre el vaso y la boca
Mientras que cien años pasan y no pasan

And I fall and you fall
Both of us wounded inside out forever
Punished for not untangling in time
The skein of a fingerprint
When non-dazzling light
Destroys the strongholds of the thug
The advice of the bishop
The doubts of some iconoclast
Absorbed in the garbage of his adoration.

Grace also to wreck with one fierce blow
Shuttles that do not pass to cloth
The torrent of my ancient fresh flowers
Grace for him who never flies his heart
On both sides of the undershirt
And for him who may have forgotten
How long blood lingers
In the river of dream.

Something slips between dead prophecies
Something falls headlong like a star leaning over too far
Something recovers
Recovers consciousness
That nothing is lost
Not even the sea
Smitten in its flesh and each turquoise slice
Is lost
Not even rain that quenches the halos of saints
Not even it
Will ever be lost
For there are embers of strange stubbornness
Gordian knots of light that never a sword may part.

Grace is faraway and hardly sensed
O leaning wall
Water hanging between the glass and the mouth
While a hundred years pass and do not pass

Y la misma historia se repite
La misma historia pasa con sus botas feroces
Implacables ruidosas
Mas el puente no cede
Nada rompe tu columna de pétalos vertebrales
A sorbos sigues volando
A lentos tragos devoras la distancia
Y de pronto estás y ya no estás
Oh causa de que no haya efectos
Y de que la mandarina
En su fresca piel
Esté siempre llovida de perfume.

La primavera en pleno se reúne
Con todas sus raíces hincadas en el sol
Toda la primavera estalla
Y yergue su falo amarillo
Sus chorros de petróleo rubio
Mientras la fuerza resurge por una vena que se creía
        azolvada
Mientras la ola revienta como un lívido geranio
Y el cantado aerolito de la Gracia
A su modo canta por nosotros.

Toda la primavera nace del mismo parto
Llegan primeros auxilios para el decapitado
Brigadas llegan silenciosamente
Como tigres con garras de algodón
Y llegan bosques de gusanos encendidos
Y perfumes que se sueltan el pelo a medianoche
Y estatuas con barbas de trébol
Y senos de madera tallados a navaja
Y llegan jazmines nadando en una gran copa anaranjada:
Son tu cinturón barroco
El copioso anillo que te vuelve satélite de lujo
Oh Gracia que abres la remota aduana
Al trueque inaudito de metáforas.

And the same history repeats itself
The same history strides by in its savage boots
Relentless clangorous
But the bridge does not give
Nothing breaks your column of vertebrate petals
Sip by sip you go on flying
By slow swallows you drink the distance
And all of a sudden you are and are not here
O cause of no effects
And why the tangerine
In its cool rind
Should be always drenched in perfume.

Spring meets in plenary session
With all its roots planted in the sun
All spring erupts
And erects its yellow phallus
Its jets of blond oil
While strength revives through a vein thought
    blocked
While the wave blossoms like a livid geranium
And the chanted meteor of Grace
Sings for us in its own way.

All spring is born at the same birth
First aid comes for the beheaded
Brigades arrive silently
Like tigers with cotton claws
And forests of fireflies come
And perfumes that loose their hair at midnight
And statues with beards of clover
And breasts of carved wood
And jasmines arrive swimming in a great orange bowl:
They are your baroque belt
The ample ring turning you into a luxurious satellite
O Grace that opens the distant excise
To the undreamt-of barter of metaphors.

A ti nada más invito con tarjeta impresa
Por ti abro las puertas invisibles de mis campanarios
¿Por qué entonces no estrenas aquí
Tenedores y cuchillos de oro
En este comedor cruzado por resoles que no mueren
Y donde nadie ha de sentarse en tu lugar
Pues que a todos nos posee
Un respeto mitad amor
Necesario para que tu palabra
Sobrenade en la anarquía
De la inteligente sobremesa?

Calza las botas de mil leguas
Cruza los muros de pechos adversarios
Destruye alambradas de objeciones nocturnas
Y decenas de volcanes cortados a pique
Deja tu piel en los meridianos con púas
Pero llega a tiempo
Toma tu lugar entre los otros comensales
Y danos la colosal impresión
De que la vida existe
Aunque después te vuelvas
A tu diaria tarea de purificar el cielo.

Cuando vengas borraré la zaga de mis aniversarios
Y quizá te cuente en qué medida
El amor ha poblado de colores mis tuétanos recónditos
Te diré cuántas veces me he bañado en su delgada lava
Explicándote siempre
Por qué las canciones
Pesan menos sobre el hombro izquierdo.

Te hablaré del amor que amo
Y que ama y escapa
Al desplome de grandes templos maduros
Y se fuga entre puentes de creaturas centelleantes
Entre caderas brazos piernas

I invite you only by engraved card
For you I open the invisible doors of my belfries
Then why do you not inaugurate here
Forks and knives of gold
In this dining hall crossed by undying echoes of light
And where none other may sit in your place
Since all of us are held by
A respect half love
Needed for your word
To keep afloat on the anarchy
Of the brilliant after-dinner conversation?

Put on thousand-league boots
Breach the walls of enemy hearts
Cut through barriers of nocturnal obstacles
And dozens of sharp volcanoes
Leave your skin on the barbed-wire
But come on time
Take your place among the other diners
And give us the vast impression
That life exists
Even though afterwards you resume
Your daily task of purifying the sky.

When you come I shall erase the wake of my birthdays
And perhaps I'll tell you how much
Love has peopled my hidden marrows with colors
And how many times I have bathed in its thin lava
Explaining to you always
Why songs
Weigh less on the left shoulder.

I'll talk to you of the love I love
And that loves and escapes
The collapse of great mellow temples
And flees over bridges of sparkling creatures
Over haunches arms legs

Entre tibias pirámides de carne arrodillada
Y cadenas de manos irrompibles.

Pronto el amor estará sentado en la cabecera del fondo
Y tú en la cabecera norte
Junto a los dulces ángulos
De este comedor que alzado en vilo
Incandece en memoria tuya
Hasta derretir sus fuentes de plata
Y cambiar el bordado mantel
Por otro en llamas.

Entonces sabrás
Que el deseo colorea el agua más secreta
Y que el cariño alza columnas
Usando nada más el lado puntiagudo de los dados
Entonces beberemos diamantes derretidos
Páramos y luciérnagas tan obesas como lámparas
Memorias de cuando yo no tenía recuerdos
Y escarbando el pasado con una pala de agua
Me hundía como un cofre
En lagos de reliquias por nadie rescatadas.

Hoy quiero decir los pensamientos que me piensan
Mi historia transparente pero verdadera
Mi propio nombre lavado por las llamas
Hecho de instantes y de frutos que no
    le gustan a los pájaros
Pesadillas que horadan mi superficie taciturna
Y números de procedencia envenenada
Y momentos que guardo en mínimos alhajeros de rocío
Momentos redondos como gotas
Que tú dejarás que vierta en tus oídos:

Por aquel entonces
Iba yo a refrigerarme
Pesaban demasiado las bolsas llenas de asteroides

Over warm pyramids of kneeling flesh
And unbreakable chains of hands.

Soon love will be seated at the foot
And you at the northern head
Beside the gentle angles
Of this dining hall that held aloft
Burns in memory of you
Until it melts its silver urns
And changes the embroidered tablecloth
For another in flames.

Then you will know
That desire colors the most secret water
And that love raises pillars
Using only the sharp edge of the dice
Then we shall drink melted diamonds
Deserts and fireflies obese as lamps
Memories from before I had memories
And digging up the past with a spade of water
I would sink like a coffer
In lakes of unretrieved relics.

Today I want to say the thoughts that think me
My transparent history but true
My own name washed by flames
Made of instants and of fruit
    the birds reject
Nightmares that pierce my silent surface
And numbers from a poisoned source
And moments I keep in tiny jewel-boxes of dew
Moments as round as drops
That you'll let me pour into your ears:

Around that time
I was going to cool off
The bags of asteroids were weighing too heavy

Y yo peleaba hasta el amanecer
Con mi aliado más viejo
Y no quería colgar mi corazón
De la vencida rama
Porque me hacía falta dentro del pecho.

Por aquel entonces
Ella entraba y salía
Por la puerta de sus veinte años
Era una respiración alta y difícil
Un bello general femenino
Con el pecho lleno de miradas
Y que urdía contra la muerte incesantes contragolpes
Yo la designé la más reina la mejor enllamarada
Y ella respondió con creces
Amamantó nacientes leprosos
Barrió escamas que la enfermedad dejaba.

A todos nos armó con garrotes perfumados
Y el encendido son cobró mayor violencia
Iba nuestra savia muy aprisa
Por todas partes se trazaban órbitas de pájaros
Nidos de planetas
Iba nuestra savia avanzando como nunca
Se la veía correr entre surcos transparentes
Y larguísimos acuarios
Y entonces vino lo bueno lo increíble lo suntuoso
Vinieron cuervos con más ojos para los ciegos
Vino ella
Y nadie la reconoció en su alfombra de espejos voladores
Mas ella era ella y tan sencilla
Que los sonámbulos sacralizaban el júbilo
Dando golpes en la dispareja mesa del mar.

Ella era ella
Y nosotros no éramos nosotros
Ella era de carne apenas dibujada

And I was fighting until dawn
With my oldest ally
And did not want to hang my heart
From the bent branch
Because I needed it inside my breast.

Around that time
She was coming in and going out
By the door of her twenty years
She was a high and difficult breath
A beautiful feminine general
Her chest strung with gazes
Who wove constant counterblows against death
I named her the utmost queen the best flame
And she reciprocated with even more
She gave suck to incipient lepers
She bathed scabs that the sickness left.

She armed us all with perfumed clubs
And the kindled sound grew in violence
Our sap quickened
On every side orbits of birds were traced
Nests of planets
Our sap raced on like never before
You could see it running among transparent furrows
And endless aquariums
And then came the wonderful the incredible the splendid
Crows came with new eyes for the blind
She came
And no one recognized her on her rug of flying mirrors
But she was she and so natural
That sleepwalkers celebrated joy
Beating the uneven table of the sea.

But she was she
And we were not we
She was of scarcely traced flesh

Y tapaba con sus manos obstinadas reverberaciones
Tenía mucho que decir
Mas no quería dejarnos ciegos
Ella la más piadosa
No dobló nunca hacia la derecha ni la izquierda
Pues su caballo tenía el cuello lastimado
Ella era la resurrección
El encendimiento que no enceguece
Y eran libres sus muslos
Libres como las puntas de una corbata
Por el viento cortejada.

Los peones las damas los alfiles
Patinaban en tableros de aceite luminoso
Ahí se jugaba mi alma el todo por el todo
Las palabras palidecían hasta morir
Pero no importaba demasiado
Podían podrirse las palabras
Bellas o terribles
O imposibles como un grumo de fuego al fondo del osario
O salvajes o decantadas las palabras
Para nada servían en aquellas horas de mala muerte
Con palabras o sin ellas
De todos modos en el lodo proseguíamos tiritando
Damas y alfiles los peones desde luego
Todos tiritando
Todos ardiendo al fondo de una matriz sellada y enemiga
Hasta que ella vino oh Gracia
Hasta que tu gemela terrestre vino
Y con una horquilla de su pelo
Abrió la imposible cerradura.

Recuerdo la retama meciéndose bajo diluvios de piedras
La retama moviéndose bajo la brisa portadora del verano
Ennegreciéndose bajo la pisada de la salamandra
Soportando el cónclave de constelaciones polícromas
Resistiendo el imperativo puñetazo del tigre

18

And covered obstinate echoes with her hands
She had much to say
But did not want to blind us
She the most merciful
Never bent to right or left
For her horse's neck was wounded
She was resurrection
The flame that does not blind
And free her thighs were
Free as the ends of a necktie
Courted by the wind.

The pawns the queens the bishops
Skated on boards of shining oil
There my heart was gambled away
Words paled unto death
But it mattered little
Words could rot
Beautiful or terrible
Or impossible as a clot of fire on the floor of the ossuary
Or wild or decanted
Words were useless in those wretched hours
With or without words
At any rate we went on shivering in the mud
Queens and bishops and pawns of course
All shivering
All burning on the bed of a sealed and enemy womb
Until she came O Grace
Until your earthly twin arrived
And with one of her hairpins
Opened the impossible lock.

I remember the retama swaying beneath floods of stones
The retama moving beneath the summer-bringing breeze
Blackening beneath the salamander's trace
Upholding the assembly of polychrome constellations
Resisting the imperative gash of the tiger

Sobre una mesa de palomas
Sobre los grandes trozos sangrantes de experiencia
Que no caben en las fauces del olvido
Ni en otra parte que no sea la estación incontaminada
El tiempo en que me sentía feliz
Cuando al regresar a mis olvidadas médulas de niño
Ganaba saludos y noticias de los cóndores
Jugando a las canicas
Desde la mañana hasta el mes siguiente.

En mi niñez había canicas de piedra
Canicas de cristal también había
Los pobres atesoraban las de piedra
Aunque era lo mismo
Rodaban lo mismo que las otras de cristal
Unas y otras desfondaban los bolsillos
Y eran ojos un poco menos calientes que los ojos
Con unas y otras
Obtuve ganancias leoninos intereses
Por la única y primera vez.

Peces flores dibujos
Son tesoros que todavía persigo
Pero otros amigos de aquella edad
Prefieren el dinero que cambia mariposas en gusanos
Y en ralea innoble a ellos mismos convierte
En sucia parvada que el espacio ya no acoge
Y que sólo habla de números
Pero nunca al modo de Pitágoras.

Sangran aroma ciruelos y claveles
La uva irradia su ser
Tan copiosamente como puede
Pero mis amigos
Mis antiguos amigos tan misteriosamente envejecidos
Espantan a pájaros y espantapájaros
Lo consumen todo y no regresan nada

Over a table of doves
Over the great bleeding fragments of experience
That do not fit within the jaws of oblivion
Nor anywhere else other than the undefiled season
The time when I was happy
When returning to my forgotten core of childhood
I won greetings and news of condors
Playing marbles
From morning till the following month.

When I was little there were rock marbles
And crystal marbles too
Poor boys collected the rock ones
Though it was all the same
They rolled as well as the crystal ones
Both wore out the pockets
And were eyes somewhat less hot than ours
With one or the other
I won the lion's share
For the first and only time.

Fishes flowers drawings
Are treasures I still pursue
But other friends of that time
Prefer money that changes butterflies into grubs
And even them into an ignoble breed
Into a dirty flock unwelcome in space
Speaking only of numbers
But never like Pythagoras.

Plumtrees and pinks bleed aroma
The grape radiates its being
As widely as it can
But my friends
My old friends so mysteriously aged
Frighten birds and scarecrows
Eat everything and give back nothing

Son polvo enamorado
Pero del polvo solamente.

Quizá no lo saben
Pero el destino se despetala y nos deshoja
El fuego aborda nuestro gran galimatías
Y no sabe por dónde comenzar
Por todas partes brama la transparencia huracanada
Nubes y más nubes se rompen en mitad del pecho
Es difícil pasar la noche con uno mismo
Y cantar la resurrección del hombre salvaje
Difícil casi todo es difícil
Los reinos traspasan su propia orilla
Para ahogarse en la manga de los magos.

Aun así te doy las gracias
Columna salpimentada con polvo de rubíes
Estío ensimismado marea blanca perfume milenario
Estamos contigo porque nos besas de improviso
Porque tu encaje de cohetes sí festona las pirámides
Sí atiza las llamas que equilibran su solo pie
Sobre mechas de paja
Sí derrama lágrimas verdes
Acidos magníficos
Capaces de irritar a fósiles almejas.

Ha roído la paciencia rojizas catedrales
Nada se mueve en esta galería dormida
Anegada en silencio la boca florece
Dice lo que quería decir
Por una vez va más allá del blanco y del disparo
Y retorna con varios plenilunios de repuesto
Al rincón más hostil de la caverna
Al lugar en que el exilio sus afrentas enardece
Cuando la muerte se pone su máscara de fósforo
Y es como un reloj que a sí mismo se consulta
Y olea y brilla a medianoche

They are dust enamored
But of dust only.

Perhaps they do not know
But destiny sheds its petals and strips our leaves
Fire boards our grand gibberish
And hardly knows where to start
On every side the storming transparency roars
Clouds and more clouds break upon the breast
It's hard to pass the night with oneself
And sing the resurrection of savage man
Hard almost everything is hard
Kingdoms overflow their own banks
To drown within magicians' sleeves.

Even so I thank you
Column seasoned with ruby dust
Bemused summer white tide millenary perfume
We are with you because you suddenly kiss us
Because your lace of fireworks wreathes the pyramids
Stirs the flames that balance its only foot
On wicks of straw
Spills green tears
Magnificent acids
Able to arouse fossil clams.

Patience has gnawed reddish cathedrals
Nothing moves in this sleeping gallery
Drowned in silence the mouth flowers
Says what it wanted to say
For once it overshoots the target and the volley
And returns with some spare full moons
To the most hostile corner of the cavern
To the place where exile stokes its outrage
When death puts on its phosphorescent mask
And is like a watch consulting itself
And anoints and shines at midnight

E incendia el nido del fénix
Y nada ya renace.

Te doy las gracias
En nombre de los dolores aplazados
En memoria del apenado buzo que se tapa la cara con
     el mar
De nuevo muchas gracias
Aunque doblen de balde las campanas
Y sus falos de fierro no fecunden nada
Gracias porque nacen a cada hora
Estrellas nuevas que todavía no tienen puntas
Gotas que aspiran a ser miradas
Ojos que la creación se restriega
Cuando por la mañana salta de su lecho
Detiene a la brisa y la transforma
En coros de voluntades ciegas
Cuya voz militariza a las estatuas.

Alguien apila en mi raíz incandescentes larvas
Es la vida vivida a pulso y a destajo
Por un cuerno de sol me llega su llamada
Bajo antiguas arcadas ella me espera
Alta suntuosa como antes
Me espera sin un solo taconazo de impaciencia
Ahí me espera entre pájaros de nieve
Con su traje de siglos apenas arrugado.

A esta hora el viento pasacalles
Canta sus oscuros pasacalles
La alondra es una joya que respira
Y este sitio hermoso como estar vivo
Vuelca sus galas sobre el otoño
Y su flamante carne sin trofeos.

Ah si hubiera fatalidad yo lo diría
Y no podrá el ladrón quitarle al durazno

And fires the nest of the phoenix
And nothing ever is reborn.

I give you thanks
In the name of postponed sorrows
In memory of the grieving diver who covers his face with
    the sea
Again many thanks
Although the bells ring in vain
And their iron phalluses fructify nothing
Thanks because every hour
New still unpointed stars are born
Drops hoping to be gazed upon
Eyes which creation rubs
When it jumps out of bed in the morning
Holds back the breeze and changes it
Into choruses of blind wishes
Whose voice recruits statues.

Someone heaps up at my root incandescent larvae
It is life lived bare-handed and piecemeal
Through a horn of sun her call reaches me
Under ancient arches she awaits me
Tall and sumptuous as before
She awaits me without a single impatient heel-tap
There she awaits me among snowbirds
In her hardly wrinkled dress of centuries.

At this hour the street-passing wind
Sings its dark passacaglias
The lark is a breathing jewel
And this place as beautiful as being alive
Casts its finery over autumn
And its new unlaureate flesh.

Ah if fate existed I would say so
And the thief could not peel

La cáscara sangrante de mis uñas
No podrá no podrá el fuerte picotazo
Aplastar la nuez y llevarse el contenido
Algo divino juega en el pretil del abismo
    sin caerse
Por un instante rubio y pleno
Brillamos cual milagros
El alba topa con el topo
Entre ciudades melladas la sangre se desliza
Pétalos grandes cual rebozos
Enmascaran nuestras máscaras
Y el mudo afán ávido se inclina
Sobre un haz de vírgenes recién amadas
Y la mañana se despierta
Espolvoreando sus diluvios
En mi cabeza atolondrada.

Ya mis hombros no soportan otras charreteras
Que las plumas deliciosas del pardillo
Bajo la piel amanece el día
La hora entra a su selva de oro
Hundiéndose en una embriaguez de espadas resonantes
Mientras la contera de mi bastón
Vomita luces y más luces de bengala.

Por alguna parte se rompe el mundial rompecabezas
Mas nada le hace
Hay el propósito la fuerza
Para que los hélitros delgados
Hagan sonar renuentes panderetas
Oídme oh flores de pelambre
Vilanos en peligro oídme
Yo soldaré vuestros filamentos
La violencia se irá con las manos vacías
Seréis la pasta bellamente esponjada
Bien repartidas en moldes áureos
Seréis la valla herrumbrosa el obstáculo florido

The bleeding bark of my nails from the peach
The sharp beak's blow could not
Break the nut and steal its meat
Something divine plays on the wall of the abyss
    without falling
For one fair full instant
We shine like miracles
Dawn collides with the mole
Between snaggle-toothed cities blood flows
Petals vast as rebozos
Mask our masks
And avid mute desire leans over
A sheaf of lately deflowered virgins
And morning awakes
Sprinkling its floods
On my bewildered head.

Now my shoulders bear no more epaulets
Than the linnet's delightful plumes
Beneath the skin day dawns
The hour enters its golden jungle
Sinking into an orgy of ringing swords
While the tip of my cane
Vomits sparklers and more sparklers.

At some part the world-puzzle breaks
But no matter
The aim is power
So that thin dragonflies' wings
May rattle the reluctant tambourines
Listen to me O flowers of hair
Thistledown in danger hear me
I shall solder your filaments
Violence will leave with empty hands
You will be the beautifully swelling dough
Evenly spread among golden molds
You will be the rusty paling the flowering barrier

La escultura atravesada en el camino
El tronco añoso que ninguna grúa remueve
La columna que se acuesta sin desintegrarse
Y hereda los secretos del eterno estar
Los pensamientos de las notas con cabeza de cristal
Los pensamientos de la carne demente
Disponiéndose para la marcha
Cimbrando la elevada plataforma
Hasta romper el trampolín de fuego.

Oh Gracia que duermes con los ojos puestos en la selva
Madre prolífica de mis advocaciones
Apercibida estás de que la fábula atempera los delirios
Hoy que se arrodillan las cariátides
Y el templo se derrumba
Cuando morirse de alegría
Se torna el único decálogo
Y altas como un bastión dormido
Emboscadas luminarias nos defienden
Mientras tus cejas se cansan de volar
Y por una fracción de parpadeo
Largamente se apoyan en mis ojos.

Un hangar en otra galaxia necesitas
Voces que atraigan imanes intangibles
Semillas que estallen bajo el cráneo
Advirtiéndonos cuán fácil es crecer
Siempre hacia ti aura enguirnaldada
Perfección que nos doras con un sollozo
O enrojeces las espinas como cautines
Al clavarlas en pechos fervorosos.

No hay silencio que valga la pena de una misa
Lo que importa es la palabra
La palabra gentil obesa de significados
La lenta palabra que se obstina contra un muro
Y cae como un cuerpo incendiado cae

The sculpture barring the road
The ancient trunk that no crane hoists
The column that sprawls without falling apart
And inherits the secrets of eternal being
The thoughts of crystal-headed notes
The thoughts of mad flesh
Readying itself for the march
Swaying the high platform
Until the springboard of fire breaks.

O Grace that sleeps with eyes on the jungle
Prolific mother of my prayers
Be warned that fable tempers frenzies
Today when caryatids kneel
And the temple crumbles
When to die of joy
Becomes the only commandment
And tall as a sleeping fort
Ambushed lamps defend us
While your eyebrows tire of flying
And for a fraction of a blink
Lean long into my eyes.

You need a hangar in another galaxy
Voices to attract intangible magnets
Seeds to burst inside the skull
Warning us how easy it is to grow
Always toward you garlanded aura
Perfection that gilds us with a sob
Or reddens thorns like soldering irons
Nailing them into ardent hearts.

There is no silence worth a mass
What matters is the word
The gracious word ripe with meanings
The slow word that persists against a wall
And falls as a burning body falls

En la deseada zona que pretende herir o despertar.

Vengan pues palabras
Acosen mi sombra
Con sus insomnes lanzallamas
Golpeen mi espalda
Con descargas de maná endurecido
Oh palabras oh semillas de la torre de Babel
El silencio es apenas condimento
La palabra es el faisán
La sola carne que se desnuda
Por debajo de su carne viva
Y que besa a sus fatales enemigos
Y que en sus ansias de limpieza general
Esmerila el piso
Disuelve carapachos de armadillo
Para hundirse luego en el sudor de la hermosura
En la patria que nunca ha existido
Y que ahora reconquisto
Con todo y su jardín de llamas negras.

La palabra se revuelca en el lecho de la Gracia
Hasta diamantarse por completo
Pero me fallan mis artes agoreras
No hay tiro que no salga por la culata
Los castillos se desploman sin avisarme a tiempo
Y no merezco ya mi paz enmarañada
Y mi cama de faquir
Comienza demasiado a molestarme
Y no sé qué pasa con mi magia indesplegada
Ni por qué sudarios agujereados
Indican cómo se nos apuñala después de muertos.

Mi magia no es blanca negra o incolora
Toma el color de aquello que transforma
Cultiva prodigios aleatorios
Maravillas asomándose entre terrones de brasas

In the chosen zone it tries to hurt or wake.

Then come you words
Chase my shadow
With your sleepless flame-throwers
Beat my back
With volleys of hardened manna
O words O seeds of the Tower of Babel
Silence is hardly spice
Word is the pheasant
The only flesh that undresses
Beneath its raw flesh
And that kisses its mortal enemies
And in its desire for general cleanliness
Polishes the floor
Dissolves armadillo shells
To sink at once in the sweat of beauty
In the homeland that has never existed
And that now I regain
Its garden of black flames and all.

Word wallows on the bed of Grace
Until it diamondizes completely
But my divining arts fail me
Everything turns out wrong
Castles fall giving me no warning
And already I do not deserve my tangled peace
And my fakir's bed
Begins to bother me too much
And I know not what happpens with my unspread magic
Nor why pierced shrouds
Show how we are stabbed after death.

My magic is not white black or neutral
It takes on the color of what it changes
It nurses random prodigies
Marvels peeping between lumps of live coals

Penachos sembrados en nubes de piedra
Cuando con entera libertad mi magia
Me permite su arco y yo disparo
Agudos huesos que silban somo flautas
Y cruzan el edén con negro vuelo enardecido
Adivinando lo que se yergue sobre tronos de adelfas
Cuando vuelvo el rostro hacia el crepúsculo
Como si mis nupcias con lo ausente hubieran ya cesado.

Oh Gracia oh Gracia
Viajamos padecemos sonreímos
Te adivinamos con signos de Braille
Que el tacto ha gastado por completo
Pero si al fin te desciframos
La baraja de nuestros huesos
Vuelve a su orden primitivo
Aunque la tierra tiemble
Como un suelo de martines pescadores
Como un suelo que finge dormir
Mientras en sus lomos se yerguen torreones
Que irán a tierra al primer espasmo.

He aquí una lágrima abortada
Otra lágrima que apenas ha nacido
Y otra tercera que ya se sienta que ya camina
Alabándote entre ciudadelas marcadamente azules
Y ráfagas benignas que en tu derredor se esparcen
Y se concentran en igniciones nunca vistas
En aciagas caravanas que a sorprenderte vienen
Con ajorcas de cascabel inmóvil
Sin ruido alguno que se oiga
En su séquito largo de panteras
Mas al fin eres tú quien sorprende
Y apareces con el sexo de la noche humeando
    entre las manos
Y nos plantas en la nuca
Tu gema vivísima de hielo.

Plumes sown in clouds of stone
When in total liberty my magic
Lends me its bow and I shoot
Sharp bones that sing like flutes
And cross Eden fired by black flight
Divining what rears on rosebay thrones
When I turn my face toward dusk
As if my marriage with absence had ended.

O Grace O Grace
We travel we suffer we smile
We divine you in symbols of Braille
That touch has polished smooth
But if at last we decipher you
The playing cards of our bones
Resume their ancient order
Though the earth trembles
Like a ground of kingfishers
Like a ground that pretends to sleep
While from its shoulders spring towers
That will fall at the first quake.

Here is an aborted tear
Another tear hardly born
And yet a third on the way
Praising you among citadels boldly blue
And benign gusts of wind that revel around you
And concentrate on fires never seen before
On unlucky caravans come to surprise you
With anklets of stationary bells
Without a single sound to be heard
In its long parade of panthers
But finally it is you who surprise
And appear with night's sex smoking
    in your hands
And fix in our nape
Your sharpest gem of ice.

Azorado despierto pero ya te has ido
Entre sábanas y sábanas de fugitivo vaho
Agua mía reverdecedora
Que enciendes motines en cada camposanto
Agua pura que envenenas lémures y brujas
Y podas ramas grises de mi sombra
Y apuntalas en predios de floja espuma
Los bellos mástiles rociados de gaviotas.

Alto es el instante y yo lo sé
Surgen pestañas más grandes que carbonizadas plumas
Llegan a puerto extrañas naves
Calafateadas con agua de medusa o simple nieve
Llegan carabelas especiales
Sobrecargadas de ningún marino y muchos almirantes
Y demasiados garabatos plenos de sentido
Aderezando la escritura que precisa
El milenario cuaderno de bitácora.

De pronto se maravilla mi entrecejo
Las jarras del placer se entrechocan
Bebemos vino en curvos pedazos de copas rotas
Y las huestes ignotas desfilan
Bajo los arcos de mi cubierta calavera.

Una misma belleza sobrenada
En los vasos que mi tribu enarbola
Y de nuevo se maravilla mi entrecejo
Pues en cada cadera el tacto prende
Sus deliciosos alfileres
Y el poema está de más
Cuando tu garganta número mil se alucina
Y libremente se mezcla a los tesoros de la noche.

La claridad la miel el sol
Nos invitan a ir por la alameda
Tomándonos del brazo

Alarmed awake but you are gone
Between sheets and sheets of fleet haze
Regreening water mine
That foments riots in each graveyard
Pure water that poisons ghosts and witches
And prunes gray branches of my shadow
And props in fields of slack foam
The lovely masts splashed with gulls.

High is the instant and I know it
Eyelashes emerge larger than charred feathers
Strange ships dock
Caulked with jellyfish or mere snow
Special galleons arrive
Overladen with no sailors and many admirals
And too many scribbles full of feeling
Embellishing the script set down
In the age-old ship's log.

Suddenly my brow marvels
The glasses of pleasure clink
We drink wine from curves of broken goblets
And the anonymous hosts file
Beneath the arches of my death's-head deck.

A same beauty floats
In the cups my tribe raises
And again my brow marvels
As in each hip feeling sticks
Its delightful pins
And the poem is superfluous
When your number one thousand throat is dazzled
And mixes freely in the treasures of night.

Light honey sun
Invite us to the alameda
Taking us by the arm

Por el camino nos seducen
Quieren saquear con nosotros el futuro
Para que el futuro intacto permanezca
Y la tierra vibre como un pecho en mitad de la batalla
Como un sueño que sueña que emigra
Danzando entre los naranjos de la luna.

El odio infuso y sus estúpidos acólitos
La celosía y el beso capaz de derretirla
El todo que es parte de otro todo
El todo universal
Que no aspira a nada que no sea la consumación de todo
Hincan la rodilla rinden pleitesía
Saben que tu aliento
Romperá doradas placentas
En una explosión calculada para salpicar al sol.

Amo esto amo aquello
La sal ligera en las viandas del diálogo
El aceite casi llama desde antes de encendido
El lobo consolidado entre la niebla
El yo que no es tú sino vida apacentada
Cobardía renuncia blasfemia indiferencia
Miedo a tocar el órgano y derribar el templo
Y esos sentimientos esa baba maligna
Que cuelga de las vitrinas del ojo
Y que yo detesto con amor
Pues mi piedad venda con tersos cataplasmas
El ala del buitre más activo
Calle once casa nueve cuarto uno
Buscadme ahí o en otra parte
El animal de amor
Os espera de pie
En el umbral de sus heridas.

Y no pidáis a mi escritura limpio trazado
Líneas elegantes según la escritura Palmer

They seduce us on the way
In us they want to ravage the future
So that it will stay intact
And earth pulse like a heart in mid-battle
Like a dream that dreams of setting out
Dancing among orange trees of the moon.

Inspired hate and its stupid acolytes
Jealousy and the kiss that can melt it
The all which is part of another all
The universal all
Pretending to nothing but the consummation of all
Kneel and give covenant
Know that your breath
Will break golden placentas
In an explosion meant to spatter the sun.

I love this I love that
The scant salt in the food of dialogue
The oil almost flame before it is lighted
The wolf dense within the fog
The I that is not you but life at pasture
Cowardice defection blasphemy indifference
Fear to touch the organ and fell the temple
And those feelings that malignant drivel
Which hangs from the showcase of the eye
And that I dearly hate
Since my pity binds with smooth dressings
The wing of the busiest vulture
Eleventh Street house nine room one
Look for me there or elsewhere
Love's animal
Waits for you standing
On the threshold of his wounds.

And do not ask unblotted script of me
Elegant lines like Palmer penmanship

Pues la mesa donde muevo la pluma es una ola
Algo que tiembla entre bandazos
De un tiempo que ya no domina a sus mareas
No me pidáis la bella vocal
La oportuna consonante
Así nada podré daros en herencia
Y el infortunio atará a mi cuello
Su escapulario de ruedas de molino.

Hay no obstante grandes nuevas
Y en mi puño que retiene
Algo así como noventa peces
Guardo cierta mirada que perdona
Un cielo breve pero alto
Versos varios
Humildes en su mayoría
Que perfuman lo mismo o tal vez menos
Que una constelación de ensalmonadas rosas.

Amo esto amo aquello y qué remedio
Subid las gradas que yo desciendo
A medio camino son mejores los encuentros
Un terreno neutral para el amor yo solicito
Basta ya de besos por correo
Acordaos de veras acordaos
De las caricias que se las ingenian
Para entrar por debajo de yelmos y armaduras.

Uno se acostumbra
A ciertos senos a ciertos alimentos proverbiales
Uno se aficiona demasiado
Al pan de mariposas que se vuela al ser hendido
Uno limpia su morada
Y cuando el suelo se hace firme
Grabamos en él a nuestros muertos más preciados
Uno se asombra
De cómo aprendemos a vivir

As the table where I ply the pen is a wave
Something trembling between lurches
Of a time that no longer rules its tides
Do not ask me for the beautiful vowel
The fitting consonant
Thus can I leave you no legacy
And misfortune will hang on my neck
Its scapular of millstones.

Nevertheless there is great news
And in my fist which holds
Something like ninety fish
I keep a certain glance that pardons
A brief but high sky
Diverse verses
Humble for the most part
That perfume as much as or perhaps less than
A constellation of enchanted roses.

I love this I love that and what can I do
Climb the stairs that I descend
Meetings are best halfway
A neutral ground for the love I seek
Enough of kisses by post
Remember really remember
The caresses that manage
To steal beneath helmets and armor.

One gets accustomed
To certain breasts to certain familiar foods
One becomes too fond of
The butterfly bread that flies away on being sliced
One sweeps his house
And when the floor hardens
We engrave there our dearest dead
One is amazed
At how we learn to live

Con suprema ligereza
En el estanque verdinoso de aguas estancadas.

Pero a veces la Gracia
Mezquina sus jugos matinales
La tierra se cansa de dar vueltas y más vueltas
Sin encontrar la llave de sí misma
El pasado aúlla bajo el pozo bien tapiado
Y nuestra pobreza es tal
Que a veces no puede comprar un poco de aire limpio
O un pequeño paseo de la mirada por el cielo
Ah Gracia
No quiero pensar que ya se te hizo tarde
A lo mejor ya es tarde para que se te haga tarde
No quiero pensar
No quiero ni pensarlo.

Cómo le haremos cómo
Es preciso enterrar en un pan demasiado largo
La lima poderosa que no debe descubrir el carcelero
Hace falta que la guitarra no cante al amanecer ensotanado
Aunque un rojo vapor cierre sus esposas en mi tobillo
Aunque nadie vaya y nadie venga
Y los puentes de la gloria se resuelvan en añicos
Y nadie encuentre cerillos que se avivan
En la más íntima cueva del mar.

Hay el alba siempre el alba
Sus lápices de color lo iluminan todo
Sin gastarse nada
Río arriba no existe cosa alguna
Ahí terminan exilios y navegaciones
Apenas hay calles flotando
Como plumas asfaltadas
Apenas la huella de alguna fuente
Cuyas puntas hechizadas
Tardan siglos en tocar nuevamente el suelo.

With supreme blitheness
In the greenish tank of stagnant waters.

But at times Grace
Begrudges its morning dew
Earth tires of turning round and round
Without finding the key to itself
The past howls beneath the well-plugged well
And our poverty is such
That at times it cannot buy even a little clean air
Or a short promenade for the eyes around the sky
Ah Grace
I do not want to think you're already late
Like as not it's already too late for you to come late
I do not want to think
I do not even want to think it.

How on earth can we do it
We must stuff into a too-long loaf of bread
The strong file that the jailor must not find
The guitar must not sing to cassocked dawn
Although a red mist shackle my ankle
Although no one should come or go
And the bridges of glory turn to rubble
And no one find matches that light
In the inmost cave of the sea.

There is always dawn and dawn
Its colored pencils painting everything
Without wearing out
Upstream there is absolutely nothing
There exiles end and voyages
Barely streets float there
Like asphalt feathers
Barely the trace of some fountain
Whose charmed drops
Take centuries to touch the ground again.

A flor de nada sobrenadan los enigmas
Las nubes se desgarran
Porque cruzan afilados almenares
Y dulces tiendas de campaña
Extensas como el oriente
Forradas con piel de cielo
Y donde las estrellas
No son mayores que una lámpara de mesa.

Déjame preguntar por lo que parece demasiado claro
No quiero luz sino evidencias
Tal un lobo a quien le fuera dado
Asomarse a la noche de su propia boca
Pero basta ya pensar es algo inútil
Mejor morir bajo el cegador arponeo
De tanta desmesura
Tanto delirio que contesta con alas
Al paisaje inhabitado
Cuando cierta vida que hay
Encelada pequeña como un castor
Remolca nativos arsenales
Y dolida de tanto visitar y no ser visitada
Al fin se abandona en los desvanes
En que se pudren unicornios y lágrimas.

Déjame mirar la sombra del vencejo
Cruzándome la piel
Como una vertiginosa quemadura
Y que ballenas indignadas
Mojen las nubes con surtidores de trinos
Mientras hojas y otoños
Y la tarde que de ellos enviuda
Y los parias que no tienen para el agua del bautizo
A un siglo lejos de tu puerta
Te llamen con nudillos sangrantes.

Level with nothing float enigmas
Clouds are torn
Because sharp torches pass
And pleasant pavilions
Wide as the east
Lined with sky's skin
And where stars
Are no larger than a table lamp.

Let me ask what seems too obvious
I want not light but proof
Like a wolf given to
Leaning into the night of his own mouth
But enough of thought it's useless
Better to die under the blinding harpoon
Of such excess
Such delirium replying in wings
To the empty landscape
When certain life there is that
Jealous small as a beaver
Tows off native arsenals
And hurt from so much calling and never receiving
Finally gives up in the garrets
Where unicorns and tears rot.

Let me watch the shadow of the swift
Crossing my skin
Like a dizzy scald
And let indignant whales
Drench the clouds with jets of trills
While leaves and autumns
And their bereaved afternoon
And pariahs too poor for baptismal water
Hammer for you
A century from your door
With bleeding knuckles.

Elfos Hadas y Merlines
Hacen aquí
Un papel escaso y sordomudo
Sólo tú magnificas en la penumbra soterrada
El lujo de tu propio ser
Sólo tú magnífica alcahueta
Matas lo que nunca se consume
Y sorprendes al fondo de una catacumba
El oro en flor de mi linaje atropellado.

Y es justo que yo muera
Como quien asalta o toma bocas imposibles
Es justo morir si ya tengo tu cola de diamantes
Atrapada en el vano de la puerta
Es justo que yo levante mis pendones
Las crines escarlatas
Y que doble las raciones de incienso y sándalo
A los dorados espectros
A quienes largamente
Debo tu captura.

Maldita sea no importa lo que pase
De todos modos entras en ebullición
Tu vestidura de gusanos luminosos
Se retuerce y centellea
De todos modos vuelves luna lo que tocas
La sangre salta en dirección de quien la hiere
No hay fruto
Al que no le venga su camisa
Y perdido está el amor
Si no lo asumes en tu mano.

Te acordarás cuando a mi lado
Felicidades imprevistas se apiñaban
Y pájaros divinamente disecados
Divinamente se desentumecían entre los dedos
Los ayes de la piedra lastimera

Elves fairies wizards
Play here
A small and deaf-mute rôle
Only you magnify the luxury of your own self
In the buried penumbra
Only you magnificent procuress
Kill what is never eaten
And surprise in the depths of a catacomb
The blossoming gold of my trampled lineage.

And it is right that I die
Like one who attacks or takes impossible portals
It is right to die if I already have your diamond tail
Caught in the cleft of the door
It is right that I fly my banners
The scarlet manes
And that I double rations of incense and sandal
For the golden specters
To whom I largely owe
Your capture.

Damn no matter what happens
In any case you begin to simmer
Your dress of fireflies
Turns and sparkles
In any case what you touch turns to moon
Blood splatters towards him who spills it
There is no fruit
Whose shirt does not fit
And love is lost
If you do not take it in your hand.

You will remember when amazing joys
Thronged at my side
And divinely dried birds
Unnumbed divinely between the fingers
The cries of the hurting stone

También eran los míos
Era mío el festín de la ternura
A él asistían los que lloran a dos carrillos
Los que a dos carrillos nada comen
Los que a dos carrillos nada esperan.

El verano en nuestro guardarropa fue colgado
Y más de una semana
Con su sangre amarilla vestimos a la nuestra
Bien que el "ábrete sésamo" no fuera pronunciado
Ni la roca se abriera
Porque nadie sabía la exacta contraseña.

Ya no existen esos faros
Cuyos gobernantes enloquecen
De tanto manejar la torrentada azul
De sus parpadeantes fuegos
Ahora se adensa mi orfandad
Y como un número que aúlla al ser borrado
Como una carne caminada por pies de vidrio
Como todo eso y mucho más
Me disparo entre las cuarteaduras de mis puños
Y salgo hacia no sé donde
Quizá en dirección de inéditas estampas
Que barajadas en mente
Y crecidas en el limbo de sueños larvarios
Se reúnen en una misma materia
Inapagablemente viva.

¿Cuándo
En vísperas de qué íntima erupción
Saludé con manos repletas de notas de cristal
El surgimiento verdadero el espacio
Que ya es molde claro de una ausencia
Y presea murmurada a orillas de un abril que
    plenamente se desnuda

Were mine too
Mine was the fête of tenderness
Attended by those who abundantly cry
Those who abundantly eat nothing
Those who hope abundantly for nothing.

Summer was hung up in our closet
And for more than a week
In its yellow blood we dressed our own
Although "open sésame" was not pronounced
Nor the rock struck open
For no one knew the exact password.

Those beacons no longer shine
Whose keepers go mad
From wielding so long the blue torrent
Of their blinking fires
Now my orphanhood thickens
And like a number that howls on being erased
Like flesh trodden by sharp glass feet
Like all that and much more
I make off among the cracks of my fists
And leave for I-don't-know-where
Perhaps toward unpublished picture cards
Images that shuffled in the mind
And grown in the limbo of larval dreams
Meet in a common matter
Unquenchably alive.

When
On the eve of what intimate outburst
Did I greet with hands full of crystal notes
The true arisal the space
That already is clear mold of an absence
And begrudged trophy on an April shore that
    strips naked

Y ruido natal que hace la ola sobre el
    tambor malhumorado
Y áureo estreno de la joven tierra negra?

Porque ayer el himno era nada más sollozo
Fiesta que emprendía su migración hacia el olvido
Contando largos cuentos sobre las costumbres de la Gracia
Mientras un aire famígero sacudía el follaje
Hasta más allá de ese vino de sol
Que no mana de ningún costado
Y viene a lomo de libélula
A visitar espíritus y uñas
En estado de perpetua guerra.

Ayer hacía frío y todo se llamaba nunca
Hacía bastante frío y todo se llamaba nada
Y todo era caer o disfrazarse de pantano
En el momento en que otras cosas esperaban la aurora con
    los labios abiertos
O forzaban al firmamento a llorar demasiadas
    aves cardenales
Cuando éste era incapaz de pensar decir
O iluminar la noche.

Y ese lento ayer que nos derrota
Con violetas obstinadas
Me vio escapar entre enrarecidos sótanos
Cuando los pulgares de la belleza
Presionaron mis párpados dejándome ciego
Alzándome oh con cuánta fatiga alzándome
Hasta encontrar la senda que ya no vieron linces aguerridos
Pues las colmenas del fulgor
Certeramente caían sobre mí
Y en la mitad de mis respiraciones
Y sencillamente
Como quien bebe o pule un vaso de agua
Sencillamente aparecías.

And natal noise that the wave sounds on the
    disgruntled drum
And golden inauguration of the young black earth?

For yesterday the hymn was mere sob
Fête beginning its flight toward oblivion
Long tales told of the customs of Grace
While a blazing air shook the foliage
Farther on than that sun's wine
That wells from no side
And comes by dragonfly back
To visit spirits and talons
In a state of constant war.

Yesterday was cold and everything's name was never
It was really cold and everything's name was nothing
And everything was to fall or disguise itself as swamp
At the moment when other things awaited dawn with
    open lips
Or forced the firmament to weep too many
    cardinals
When it was powerless to think say
Or light the night.

And that slow yesterday that defeats us
With stubborn violets
Saw me escape among lofty cellars
When the thumbs of beauty
Pressed my eyelids leaving me blind
Raising me oh how wearily raising me up
To find the path that veteran lynxes no longer saw
Since the beehives of radiance
Were falling squarely on me
And at my mid-breath
And simply
Like one who drinks or polishes a water glass
You simply appeared.

Y es así que huyendo
Impulsándome entre tibios torsos que se balanceaban sin
    estar colgados
Y medio muerto de no poder resucitar
Salí de entre mis puños
Buscando mundos de inéditas estampas
Mundos que tú habitas oh Gracia
Oh desenfadada que domeñas iluminaciones y diluvios
Y que instalas el batir de unos cascos
Más allá del reencuentro con mi propio fin.

¡Dejad que yo mire esas estampas
He de verlas bajo el granado
Y sus frescas lámparas
Bajo los corales nevados
Y el temporal que desmenuza
Mis vagas redes cuajadas de recuerdos!

Estampas
Luces que no entiendo
Faros cuyos postes también iluminan
Y naufragios en donde sólo el mar no sale ileso
Y cascadas de cascadas
Llorando porque suceda
La genuflexión de las nubes
Frente al pie de la azucena
Estampas de cuando la tierra se vistió
    con sombra de castaños
En su primera comunión
Estampas que cantan porque pueden.

Bajo sus bóvedas nadie vuela
Entre sus colores la niebla es apaleada hasta decir ya basta
Oh estampas de rostros que se asoman y brillan
En bajorrelieves de cristal de roca
Estampas de pie sobre su cartoncillo originario
Y que se marchan a tocar la frente de esa fortuna

And thus fleeing
Pushing between tepid torsos swinging without
    being hanged
And half-dead at being unable to revive
I came forth from between my fists
Searching for worlds of unpublished pictures
Worlds you inhabit O Grace
O free one that tames illuminations and floods
And installs the clash of helmets
Beyond their collision with my own goal.

Let me see those picture cards
I must see them beneath the pomegranate
And its cool lamps
Beneath the frosty corals
And the storm that splits
My errant nets paralyzed by memories!

Pictures
Lights I do not understand
Beacons whose pillars also gleam
And shipwrecks where all except the sea escape unharmed
And cascades of cascades
Weeping because of
The reverence of clouds
At the lily's foot
Images of when earth dressed
    in chestnuts' shade
For its first communion
Images that sing because they can.

Beneath their vaults no one flies
Among their colors fog is lashed until it says "enough"
O images of faces that look out and shine
In bas-reliefs of rock crystal
Pictures afoot upon their native cardboard
And that leave to touch the brow of that luck

Que además de ser fortuna es diosa:

Ya es hora de acuñar
El mismo signo en ambas caras de la medalla
Para que la hermosura suceda a la hermosura
Y resuenen cantos por la repentina desaparición
Del arribo de la muerte
Y porque en la plaza súbitos pelícanos
Se casen con el brillo de la estación en turno
Y labios vírgenes se abran a la primer palabra
En campos de bella siembra interminable
Donde la sombra de millones de velas
Arda y se extinga antes de que un fogonazo muera.

Bueno fuera que todo fuera
Como correr por explanadas de alas
O entre desfiladeros donde arquitecturas espumantes
Se compadecen con lo nunca levantado
Todo fuera así
Igual que una estampa
Y casto como el albatros
Que se obliga a cada vez más transparencia
Después de interpretar muy bien la fórmula
Para entrar de lleno en la cambiante nube.

Paso a paso
Tal un mendigo condecorado con la saliva de los necios
Entrará
Entrará la Gracia con sobrado ruido
En la heredad prestada
Y calles más allá de ninguna parte
El sello del rey hará sangrar la claridad
Mientras el pie de mayo
Oprime la hirsuta viña.

Antaño la verdad dormía sueños de láudano y plomo
Mas ahora se llama corazón de la flauta

Which besides being luck is goddess:

It's already time to coin
The same sign on both sides of the medal
So that beauty follows beauty
And cantos resound on the abrupt disappearance
Of the arrival of death
And because in the plaza sudden pelicans
Marry with the current season's splendor
And virgin lips open to the first word
In fields of beautiful endless sowing
Where the shades of millions of candles
Burn and stifle before a gunflash dies.

It would be good if everything were
Like running on slopes of wings
Or between passes where frothy architectures
Pity what never has been built
If everything were so
Just like a picture card
And chaste as the albatross
That pledges itself to more and more transparency
On well interpreting the formula
To enter fully the changing cloud.

Step by step
Like a beggar adorned with the saliva of fools
Grace will enter
Grace with noise galore
Will enter into the borrowed bearing field
And streets farther away than anywhere
The king's seal will bleed light
While the foot of May
Crushes the shaggy vineyard.

Long ago truth slept dreams of laudanum and lead
But now it is called heart of the flute

Pleno vivir entre calles insoladas
Ir y venir siempre encerrado
Entre las cuatro paredes del incendio
Existencia tirada por la borda
Costumbre de quitarse la sombra antes que el sombrero
Y evidencia de que el horizonte vuela
Porque tengo su hélice en la mano.

Y porque no hemos puesto orden en la vida del mar
Ni el mar tampoco ha ordenado nuestra vida
Porque fallan los artesanos de la canción
Al inventar los seres reales
Porque la esperanza vuela sordamente
Y nubla los techos con miles de capas enfloradas
Porque los terremotos de la ignición final
No cimbran robledales
Por eso y nada más por eso
Jóvenes creaturas se asombran de que exista el llanto
Y hacen retroceder al mediodía
Con la forma en que brilla
Cada zona de su carne.

Y tiene la Gracia bodegas que almacenan cofres
Cofres que guardan cajas más pequeñas
Estuches como castañas que destellan
Y que al ser partidas
Nos obsequian estampas que el poeta blande
Como salvoconducto para no ser molestado.

Quisiera ser experto en signos nocturnos
Conocer mejor el motín de los írises
Y los ojos de piel de agua
Los ojos como husos tendidos
Donde todo el porvenir es hilado
Donde las horas prometidas cumplen su palabra
Esa misma palabra que tanto he torturado
Y que no dejaré ir

Two hundred and thirty copies of this book
have been printed on warm white Teton Text.
Display type is Sylvan, text is set in Palatino,
composed and printed by Davis & Warde, Inc.,
Pittsburgh, Pennsylvania. Designed by
Thomas C. Pears III. Gold leaf stamping and
binding by Penn State Bookbinding.

MARCO ANTONIO MONTES DE OCA

Marco Antonio Montes de Oca was born in Mexico City on August 3, 1932. He has been the recipient of scholarships of the Centro Mexicano de Escritores, El Colegio de México, El Fondo de Cultura Económica, and the Guggenheim Foundation. In 1959 he won the Xavier Villaurrutia Prize and in 1966 the Mazatlán Prize for Literature. In association with Arthur Miller he founded the Mexican branch of the P.E.N. Club in 1967. His verse has been published in numerous periodicals and anthologies in Mexico, other Latin American countries, Europe and the United States. His books are *Ruina de la Infame Babilonia, Contrapunto de la Fe, Pliego de Testimonios, Cantos al Sol que no se Alcanza, Delante de la Luz Cantan los Pájaros, Fundación del Entusiasmo, La Parcela en el Eden, Vendimia del Juglar, Las Fuentes Legendarias, Pedir el Fuego, Poesía Reunida, Astillas, Se Llama como Quieras, Lugares Donde el Espacio Cicatriza, Las Constelaciones Secretas, El Surco y la Brasa, Poesía Crimen Prisión* and *Autobiografía*.

LAURA VILLASENOR

Laura Villaseñor, although a native of San Antonio, Texas, has lived most of her life in Mexico City. She earned an A.B. degree from Vassar College in 1940 and a B.S. from Columbia University School of Library Service in 1947. Her poetry has been published in a number of literary reviews in Mexico and the United States. Her translations of Mexican poetry include *Muerte sin Fin/Death without End* of José Gorostiza, *Piedra de Sol/Sun Stone* of Octavio Paz, and numerous shorter poems of Gorostiza, Paz, Jaime Torres Bodet, Salvador Novo, Carlos Pellicer, Marco Antonio Montes de Oca and others.

For the duty to sing
Never ends
Though singing to you O Grace
Has been my wonderful pleasure.

Pues el deber de cantar
Nunca termina
Si bien cantarte a ti oh Gracia
Ha sido mi placer maravilloso.

Until it tells all it knows.

O images
Wafers cut to the measure of Grace
I spy you among the pores of outdoors
And I want to rinse my hands
In a wild and deep river of gold
Though my fellows
My fellows and I myself
Be denied reincarnation
Among planets of sparkling plumage.

I am like fire girt by languages
And of you I make tongues O Grace
And I do not finish lighting my praise
For the green birds that color the jungle
And the militant blush
Of those touched by your kiss.

Like light
You do not weigh but you overwhelm
Like light
You dress in naked bodies
Like light
You kneel and swell with pride
And card the mist like a subtle wool
And let waiting blossom beneath the lintel
And in waiting the flowers of gunpowder
Delay their blast.

I sing and only sing
That is my light
That is my delight.

The voice the feather the watchful mind
Leave to hush and sleep
With duty's conscience unfulfilled

Hasta que diga todo cuanto sabe.

Oh estampas
Obleas cortadas al cuerpo de la Gracia
Os espío entre los poros del cielorraso
Y quiero enjuagarme las manos
En un río de oro desordenado y profundo
Bien que a mis semejantes
A mis semejantes y a mí mismo
Nos sea negada la reencarnación
Entre planetas de plumerío destellante.

Fuego parezco vendado por idiomas
Y de ti me hago lenguas oh Gracia
Y no termino de encender mi elogio
Para los verdes pájaros que hacen el color de la selva
Y el militante sonrojo
De quienes son tocados por tu beso.

Como la luz
No tienes peso pero abrumas
Como la luz
Te vistes de cuerpos desnudos
Como la luz
Te arrodillas y te yergues
Y cardas la bruma como una lana sutil
Y dejas que en el dintel se abra la espera
Y que en la espera las flores de pólvora
Aguarden su estallido.

Yo canto y nada más
Esa es mi luz
Ese es mi gozo.

La voz la pluma la despierta inteligencia
Vanse a callar y a dormir
Con la conciencia del deber no cumplido

Wholly to live within sun-baked streets
To come and go always locked
Within the four walls of the fire
Existence thrown overboard
Custom of doffing the shadow before the hat
And proof that horizon flies
Because I hold its propeller in my hand.

And because we have put no order in the life of the sea
Nor has the sea ordered our life either
Because the artisans of song
Fail to invent real beings
Because hope flies deaf
And clouds the rooftops with thousands of flowered capes
Because the earthquakes of the final firing
Do not shake oak groves
Because of that and only that
The young are surprised that tears exist
And make noon back off
With the way each zone
Of their flesh shines.

And Grace has vaults that store coffers
Coffers that hold smaller chests
Cases like chestnuts that sparkle
And on being cracked
Give us pictures that the poet waves
Like a safe-conduct so as not to be bothered.

I should like to be expert in nocturnal signs
To know better the mutiny of irises
And the eyes of water's skin
Eyes like distended spindles
Where all the future is spun
Where promised hours keep their word
That same word I have tortured so
And that I shall not loosen